Highlights

Hidden Pictures Eagle-Eye

똑똑해지는 NEW

숨은그림찾기 8
가게

아라미

이렇게 활용하세요!

숨은그림찾기의 세계로 오신 것을 환영합니다.
그림 속에 숨은 그림을 찾으며 즐거운 시간을 보내세요!

숨은그림찾기를 하면서 관찰력, 주의력, 집중력을 키워요.

퍼즐 맞히기, 생각해 보세요를 하면서 사고력이 자라요.

숨은 그림에 스티커 붙이고 색칠하기, 내가 직접 만드는
숨은그림찾기 등의 활동을 통해 창의력과 상상력이 쑥쑥 자라요.

숨은그림찾기 이래서 좋아요!

● 숨은 그림을 찾으면서 주의력과 집중력이 자랍니다.
● 하나하나 세밀하게 살피는 관찰력을 키워 줍니다.

● 숨은 그림을 다 찾으려면 인내와 끈기가 필요합니다.
● 높은 성취감과 성실한 학습 태도를 길러 줍니다.

![Highlights] **Eagle-Eye**
Hidden Pictures

8권

26쪽에서
이 그림을 찾아보세요.

차례

4쪽에서
이 그림을 찾아보세요.

33쪽에서
이 그림을 찾아보세요.

곰들의 캠핑

숲속으로 캠핑 온 곰들이 점심 식사를 준비하고 있어요.
캠핑장에서 숨은 그림들을 찾아보세요.

하모니카
harmonica

뱀
snake

유니콘
unicorn

다리미
iron

왕관
crown

비행기
airplane

피망
**green
pepper**

롤러스케이트
**roller
skate**

골프채
golf club

연
kite

편지봉투
envelope

조각 파이
slice of pie

옷걸이
coat hanger

아이스크림콘
**ice-cream
cone**

돛단배
sailboat

ILLUSTRATED BY JEF CZEKAJ

급류 타기

동물들이 급류 타기를 하고 있어요.
숨은 그림을 찾아 스티커를 붙인 후 예쁘게 색칠하세요.

스티커   색칠하기

그릇 공예

사람들과 함께 도자기를 예쁘게 꾸며 보아요.
숨은 그림들도 함께 찾아보세요.

바나나
banana

팝콘
popcorn

종
bell

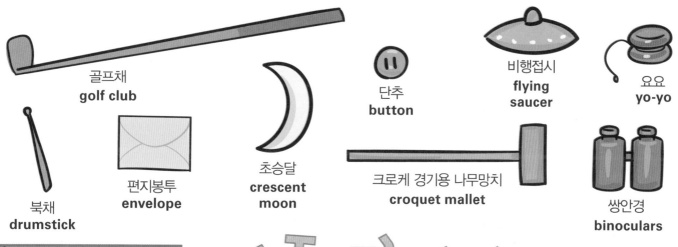

골프채
golf club

북채
drumstick

편지봉투
envelope

초승달
crescent moon

단추
button

크로케 경기용 나무망치
croquet mallet

비행접시
flying saucer

요요
yo-yo

쌍안경
binoculars

퍼즐 맞히기

아래 설명을 읽고 누가 어떤 도자기를 만들고
어떻게 꾸몄는지 알아맞혀 보세요.
맞는 칸에는 O 를 하고, 맞지 않는 칸에는 X 를 하세요.

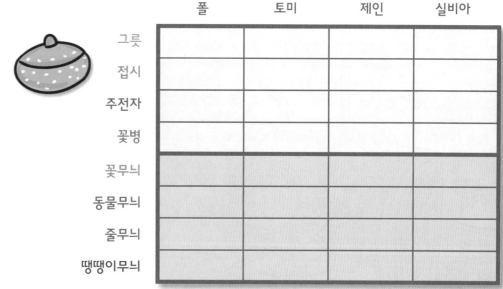

	폴	토미	제인	실비아
그릇				
접시				
주전자				
꽃병				
꽃무늬				
동물무늬				
줄무늬				
땡땡이무늬				

- 물을 마실 때 쓰는 도자기에 땡땡이 무늬가 있어요.
- 실비아가 도자기에 그린 그림은 고양이와 비슷해요.
- 제인은 도자기에 데이지 꽃을 꽂을 거예요.
  도자기의 무늬도 꽃으로 꾸몄어요.
- 폴은 도자기에 가장 좋아하는 아이스크림을 담고 싶어해요.

도전해 보세요!

회전목마와 그 주변에 30개의 숨은 그림이 있대요.
하지만 어떤 그림이 숨어 있는지는 알 수 없어요.
자, 숨은그림찾기에 도전해 보세요!

ILLUSTRATED BY PAULA BECKER

연날리기

아이들이 바닷가에서 연을 날리고 있어요.
숨은 그림들을 찾아보세요.

ILLUSTRATED BY BARRY GOTT

계산기
calculator

하키스틱
hockey stick

물뿌리개
watering can

페인트붓
paintbrush

커피포트
coffeepot

콩깍지
pea pod

당근
carrot

색소폰
saxophone

지렁이
worm

다리미
iron

곡괭이
pickax

포크
fork

스케이트
ice skate

바나나
banana

도끼
ax

내가 만드는 숨은 그림찾기

그림을 그려서 아래 하트를 숨겨 보세요. 어떻게 해야 할지 잘 모르겠으면 위 그림을 참고하세요.

FRAME ILLUSTRATED BY MIKE MORAN

크루즈 여행

개들이 배 위에서 휴가를 즐기고 있어요.
개들이 간식으로 먹을 20개의 뼈다귀를 찾아보세요.

생각해 보세요!

동물이 사람처럼 행동할 수 있다면 어떤 행동을 하길 바라나요?

동물과 집을 바꿔서 살아보고 싶나요? 이유가 무엇인가요?

개들은 왜 뼈다귀를 씹는 걸 좋아할까요?

개는 여행에 무엇을 가져가고 싶어할까요?

크루즈 여행을 한다면 어느 곳에 가고 싶나요?

동물이 말을 할 수 있다면 무엇을 물어보고 싶은지 세 가지만 말해 보세요.

동물에게 읽는 법을 가르칠 수 있을까요? 그렇게 생각한 이유는 무엇인가요?

자동차 정비

기술자들이 자동차를 점검하고 있어요.
숨은 그림을 찾아 스티커를 붙인 후 예쁘게 색칠하세요.

스티커 색칠하기

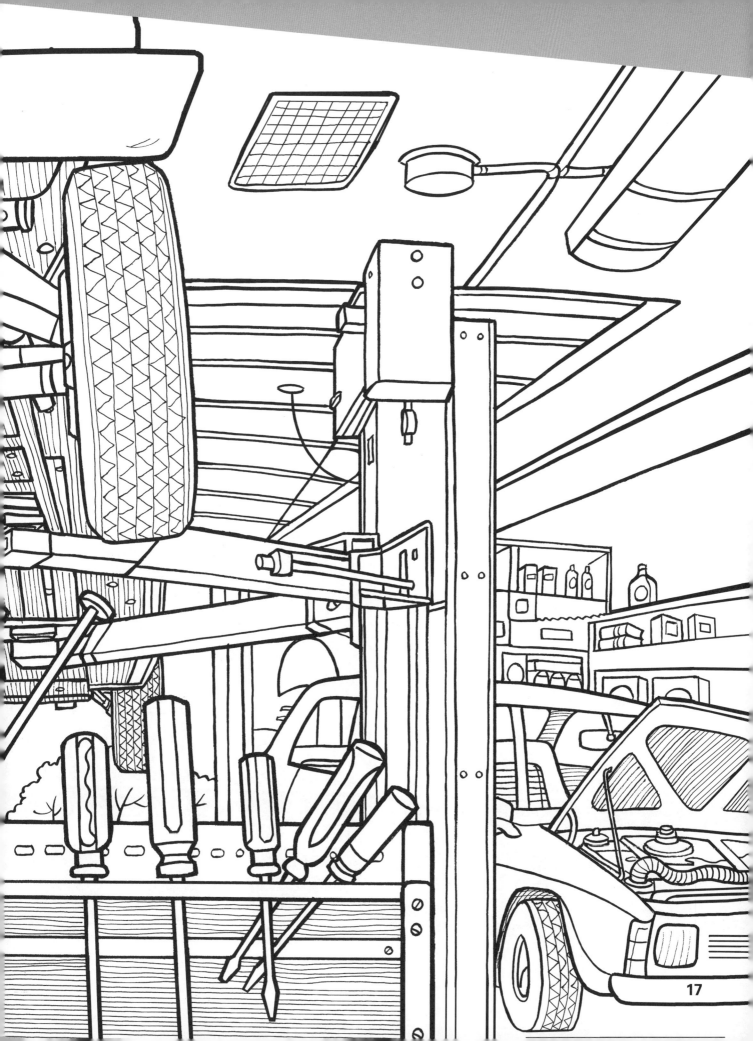

외계인의 지구 탐험

물건을 들었다 놓았다 하면서 아무것도 옮기질 않네.

아무 일도 안 하면서 누가 더 많이 땀을 흘리나 시합을 하는 것 같아!

아휴, 보고 있는 것만으로도 땀이 나, 재즈!

저클

숨은 그림을 찾아보세요.

프레첼
pretzel

국수
noodle

버섯
mushroom

피자
pizza

높은 굽 구두
high-heeled shoe

펼쳐진 책
open book

클립
paper clip

돋보기
magnifying glass

물음표
question mark

우표
stamp

뚫어뻥
plunger

물고기
fish

자물쇠
padlock

WRITTEN BY ANDREW BRISMAN; ILLUSTRATED BY GIDEON KENDALL

19

숨은 조각 찾기

오른쪽 그림에서 아래 퍼즐 조각 일곱 개를 찾아보세요.

WRITTEN BY JULIE WINTERBOTTOM;
ILLUSTRATED BY CHUCK DILLON

 # 하이디와 지크 사라진 이빨을 찾아라!

사만다의 앞니가 몇 주 동안 흔들리더니 드디어 빠졌어요.

사만다는 빠진 이를 소중하게 간직하고 싶었어요. 그런데 어찌된 일이죠?

이가 사라져 버렸어요.

"하이디, 지크, 도와줘!"

마침 사만다의 집 앞을 지나던 하이디와 지크가 한걸음에 달려왔어요.

"무슨 일이니?"

"빠진 이빨을 선반에 올려놓았는데 없어졌어."

"걱정 마. 나랑 지크가 찾아줄게."

하이디가 곰곰이 생각하더니 말했어요.

"좋은 생각이 있어. 지크, 불 좀 꺼 주겠니?"

지크가 재빨리 점프하더니 앞발로 스위치를 탁 껐어요.

하이디는 컴컴한 욕실 바닥을 손전등으로 이리저리 비추었어요.

"이렇게 하면 네 하얀 앞니가 반짝거려서 찾기 쉬울 거야."

사라진 이를 찾아보세요. 그리고 다른 숨은 그림들도 찾아보세요.

연필
pencil

돛단배
sailboat

반지
ring

왕관
crown

우산
umbrella

골프채
golf club

종
bell

실패에 감긴 실
spool of thread

하트
heart

나뭇잎
leaf

바나나
banana

뱀
snake

펭귄
penguin

숟가락
spoon

빨대
drinking straw

23

달콤한 디저트 가게

원숭이들이 바나나로 만든 디저트를 주문했어요.
숨은 그림을 찾아 스티커를 붙인 후 예쁘게 색칠하세요.

스티커   색칠하기

로봇 병원

고장 난 로봇들이 병원에 와서 순서를 기다리고 있어요.
숨은 그림들도 함께 찾아보세요.

당근
carrot

책
book

빨대
**drinking
straw**

도미노
domino

새
bird

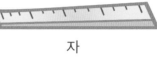
말발굽
horseshoe

브로콜리
broccoli

바나나
banana

지렁이
worm

포크
fork

피자
pizza

막대사탕
lollipop

자
ruler

퍼즐 맞히기

아래 설명을 읽고 어떤 로봇이 언제 어떤 재료로 만들어졌는지
알아맞혀 보세요.
맞는 칸에는 O를 하고, 맞지 않는 칸에는 X를 하세요.

	로켓	로저	로토	로단
강철				
플라스틱				
고무				
나무				
2015				
2014				
2013				
2012				

- 로토의 부품은 전부 다 금속이에요.
  로저가 만들어지기 1년 전에 만들어졌지요.
- 고무로 된 로봇은 2013년에 만들어졌어요.
- 로단은 못을 박아서 만든 로봇이에요.
  로봇들 중 가장 처음 만들어졌지요.

레인스틱 만들기

*레인스틱 : 흔들면 빗소리가 나는 긴 통으로 된 장난감

준비물
- 종이 • 가위 • 키친타월 심
- 쌀 2줌 • 테이프
- 셔닐스틱(겉에 고운 잔털이 붙은 철사 장식끈) 2개
- 색연필, 스티커, 반짝이 풀 등 장식할 것들

1 키친타월 심의 양쪽 구멍을
감싸서 막을 수 있는 크기로
종이를 2장 준비해요.
한쪽 구멍에 종이를 붙여 막아요.

2 아직 막지 않은 쪽 구멍으로
쌀 2줌을 넣어요.

3 셔닐스틱을 아래 그림과 같이 구불구불한 모양으로
만들어 구멍에 넣어요.

4 남은 구멍에 종이를 붙여 막아요.

5 키친타월 심을 예쁘게 장식해요.

6 만들어진 레인스틱을 앞뒤로 천천히
흔들어 보세요. 빗소리가 난답니다.

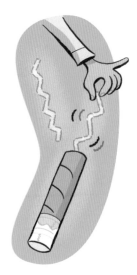

커피포트
coffeepot

핫도그
hot dog

손전등
flashlight

연필
pencil

모종삽
trowel

우산
umbrella

장갑
glove

딸기
strawberry

압정
tack

종이비행기
paper airplane

병
jar

포크
fork

반지
ring

뼈다귀
dog bone

양초
candle

머그잔
mug

치즈
cheese

ILLUSTRATED BY KELLY KENNEDY

29

낙엽 쓸기

아이들이 낙엽 위에서 뒹굴며 놀고 있어요.
낙엽을 쓸면서 숨은 그림을 찾아보세요.

ILLUSTRATED BY MIKE MORAN

자석
magnet

뚫어뻥
plunger

물고기
fish

칫솔
toothbrush

빨대
drinking straw

피자
pizza

페인트붓
paintbrush

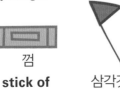
손목시계
wristwatch
30

껌
stick of gum

삼각깃발
pennant

넥타이
necktie

자
ruler

북채
drumstick

프라이팬
frying pan

시험관
test tube

내가 만드는 숨은그림찾기

그림을 그려서 아래 양초를 숨겨 보세요. 어떻게 해야 할지 잘 모르겠으면 위 그림을 참고하세요.

공예 재료 가게

이 가게에서 뾰족한 뚜껑이 붙은 접착제 20개를 찾아보세요.

할인
판매

생각해 보세요!

풀 말고 끈적끈적하게 달라붙는 것 5가지를 써 보세요.

풀은 무엇이든 붙일 수 있나요? 이유가 무엇인가요?

풀이 없다면 물건을 붙일 때 무엇을 사용할 수 있나요?

최근에 풀로 붙여서 했던 작업은 무엇인가요? 풀을 쓰는 작업 중 어떤 것을 가장 좋아하는지 말해 보세요.

머리카락, 벽, 애완동물 등 세상의 모든 것이 끈적끈적하다면 어떤 일이 일어날지 말해 보세요.

금속은 자석에 달라붙어 풀이 필요 없어요! 왜 그럴까요?

자연에도 풀처럼 끈적끈적하게 달라붙는 것이 있는지 말해 보세요.

외계인의 지구 탐험

작은 사람들은 상자 안에서 노래를 부르며 춤을 추네.

작은 사람들은 저렇게 밝고 시끄러운 상자 안에서 어떻게 잠을 잘까?

걱정 마, 저클! 큰 사람들이 상자를 끄면 상자 안이 컴컴하고 조용해지거든.

재츠

숨은 그림을 찾아보세요.

돛단배
sailboat

찻주전자
teapot

못
nail

말발굽
horseshoe

토끼
rabbit

개구리
frog

부츠
boot

달걀 프라이
fried egg

조각 오렌지
wedge of orange

게임 말
game piece

주사위
die

스테이플러 철사 침
staple

새
bird

빌딩
building

WRITTEN BY ANDREW BRISMAN;
ILLUSTRATED BY GIDEON KENDALL

하늘을 나는 기러기들

스티커   색칠하기

ILLUSTRATED BY SALLY SPRINGER

기러기들이 줄을 맞춰 하늘을 날고 있어요.
숨은 그림을 찾아 스티커를 붙인 후 예쁘게 색칠하세요.

축구 경기

축구공처럼 희고 검은 무늬의 동물들이 모여 축구를 하고 있어요.
숨은 그림들을 찾아보세요.

이글루
igloo

다이아몬드
diamond

고추
**chili
pepper**

바늘
needle

이빨
tooth

피클
pickle

유령
ghost

머그잔
mug

벌레
bug

뼈다귀
dog bone

배드민턴 공
shuttlecock

집
house

높은 굽 구두
**high-heeled
shoe**

WRITTEN BY ANDREW BRISMAN;
ILLUSTRATED BY JEF CZEKAJ

39

하이디와 지크
잃어버린 공룡 뼈를 찾아라!

토요일 오후였어요.

하이디의 친구 메건은 친구들과 함께 공룡 뼈 조각상을 만들었어요.

다음날 열리는 봄 미술 전시회에 내려고요. 그때 누군가 외쳤어요.

"큰일 났어! 스테고사우루스의 뼈 하나가 사라졌어!"

메건은 하이디에게 전화를 걸어 도움을 요청했어요.

하이디와 지크가 학교로 달려오자, 메건이 말했어요.

"스테고사우루스 등에 있었던 넓적한 뼈를 찾아야 해."

"걱정 마. 우리가 찾아 줄게."

하이디가 말했어요.

"지크, 넌 조각상 주위를 살펴봐. 나는 만들기 재료 주변을 찾아볼게."

그때 지크가 조각상 아래의 덤불을 보고 킁킁대며 짖었어요.

"지크, 네가 찾았구나!" 하이디가 말했어요.

잃어버린 뼈를 찾으세요. 그리고 다른 숨은 그림들도 찾아보세요.

세 잎 클로버
three-leaf clover

무
radish

아이스크림 국자
ice-cream scoop

뾰족한 모자
pointy hat

압정
tack

식빵
slice of bread

서양배
pear

요리사모자
chef's hat

칫솔
toothbrush

사다리
ladder

머리빗
comb

숟가락
spoon

깃발
flag

WRITTEN BY JULIE WINTERBOTTOM;
ILLUSTRATED BY CHUCK DILLON

도전해 보세요!

영화관에 30개의 숨은 그림이 있대요.
하지만 어떤 그림이 숨어 있는지는 알 수 없어요.
자, 숨은그림찾기에 도전해 보세요!

ILLUSTRATED BY DARYLL COLLINS

말풍선 채우기

코뿔소가 트램펄린 위에서 뛰고 있어요.
그 모습을 보고 여자아이가 뭐라고 말했을까요?
말풍선을 채운 후 숨은 그림을 찾아보세요.

부메랑, 옷걸이, 전구, 머그잔, 테이프 홀더

ILLUSTRATED BY DAVID COULSON

44

4-5 곰들의 캠핑

6-7 급류 타기

8-9 그릇 공예

9 퍼즐 맞히기

폴 – 그릇, 줄무늬

토미 – 주전자, 땡땡이무늬

제인 – 꽃병, 꽃무늬

실비아 – 접시, 동물무늬

10-11 도전해 보세요!

1 눈사람	11 소금통	21 깔때기
2 파티 모자	12 화살	22 허리띠
3 붓	13 반지	23 포크
4 야구 모자	14 머핀	24 숟가락
5 골프채	15 버섯	25 찻잔
6 하트	16 장갑	26 야구공
7 물고기	17 연필	27 그믐달
8 가위	18 국자	28 양말
9 줄넘기	19 조각 레몬	29 낚싯바늘
10 대걸레	20 드라이버	30 피자

정답

12 연날리기

14–15 크루즈 여행

16–17 자동차 정비

18–19 외계인의 지구 탐험

20–21 숨은 조각 찾기

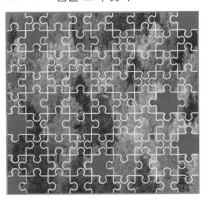

22–23 하이디와 지크,
사라진 이빨을 찾아라!

24–25 달콤한 디저트 가게

26–27 로봇 병원

27 퍼즐 맞히기

로켓 – 고무, 2013
로저 – 플라스틱, 2015
로토 – 강철, 2014
로단 – 나무, 2012

28–29 레인스틱 만들기

30 낙엽 쓸기

32–33 공예 재료 가게

34–35 외계인의 지구 탐험

36–37 하늘을 나는 기러기들

38-39 축구 경기

40-41 하이디와 지크, 잃어버린 공룡 뼈를 찾아라!

42-43 도전해 보세요!

1 숟가락	11 그믐달	21 연필
2 요요	12 반지	22 클립
3 자	13 압정	23 대걸레
4 꽃병	14 삼각깃발	24 물고기
5 편지봉투	15 다리미	25 양말
6 단추	16 목도리	26 왕관
7 하키스틱	17 신발	27 부메랑
8 칫솔	18 조개껍데기	28 바나나
9 바늘	19 지팡이	29 찻잔
10 종	20 피자	30 야구방망이

44 말풍선 채우기

급류 타기 6-7쪽

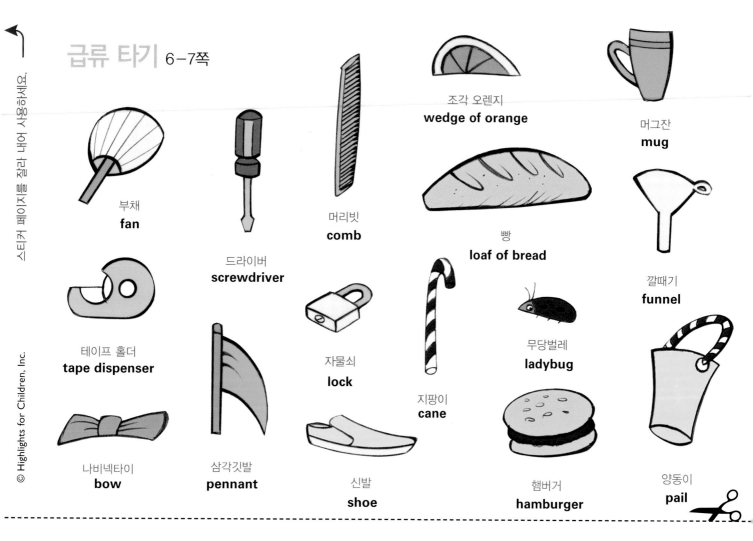

조각 오렌지
wedge of orange

머그잔
mug

부채
fan

머리빗
comb

빵
loaf of bread

드라이버
screwdriver

깔때기
funnel

테이프 홀더
tape dispenser

자물쇠
lock

무당벌레
ladybug

나비넥타이
bow

삼각깃발
pennant

지팡이
cane

신발
shoe

햄버거
hamburger

양동이
pail

자동차 정비 16-17쪽

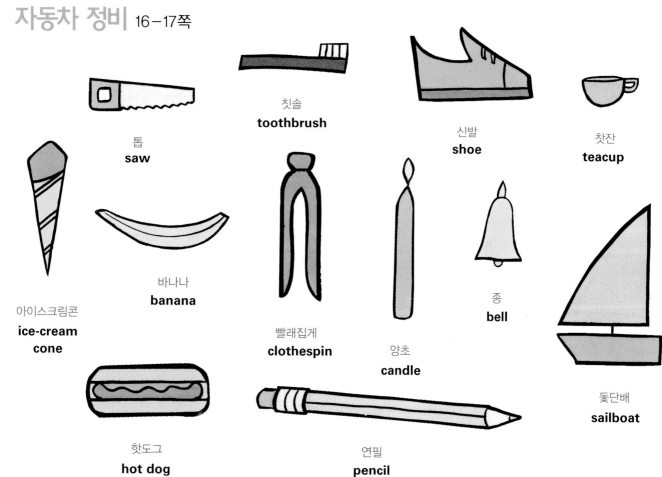

칫솔
toothbrush

신발
shoe

찻잔
teacup

톱
saw

바나나
banana

종
bell

아이스크림콘
**ice-cream
cone**

빨래집게
clothespin

양초
candle

돛단배
sailboat

핫도그
hot dog

연필
pencil

스티커 페이지를 잘라 내어 사용하세요.

달콤한 디저트 가게 24-25쪽

톱
saw

옷핀
safety pin

고래
whale

머리빗
comb

모종삽
trowel

돛단배
sailboat

연
kite

찻잔
teacup

도끼
ax

뱀
snake

거북
turtle

양말
sock

피자
pizza

사다리
ladder

하늘을 나는 기러기들 36-37쪽

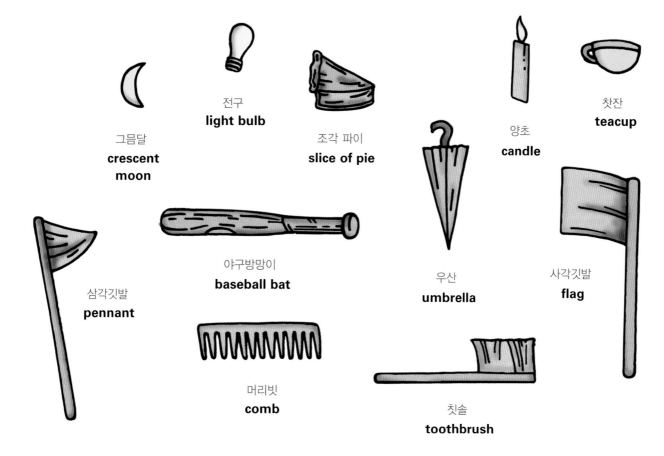

그믐달
crescent moon

전구
light bulb

조각 파이
slice of pie

양초
candle

찻잔
teacup

삼각깃발
pennant

야구방망이
baseball bat

우산
umbrella

사각깃발
flag

머리빗
comb

칫솔
toothbrush